škola - mokykla   2
cesta - kelionė   5
doprava - transportas   8
mesto - miestas   10
terén - kraštovaizdis   14
reštaurácia - restoranas   17
supermarket - prekybos centras   20
nápoje - gėrimai   22
jedlo - maistas   23
farma - ūkininko ūkis   27
dom - namas   31
obývačka - svetainė   33
kuchyňa - virtuvė   35
kúpeľňa - vonios kambarys   38
detská izba - vaiko kambarys   42
šatstvo - drabužis   44
kancelária - biuras   49
hospodárstvo - ekonomika   51
povolania - profesijos   53
náradie - įrankiai   56
hudobné nástroje - muzikos instrumentai   57
ZOO - zoologijos sodas   59
šport - sportas   62
aktivity - užsiėmimai   63
rodina - šeima   67
telo - kūnas   68
nemocnica - ligoninė   72
urgentný prípad - nelaimingas atsitikimas   76
Zem - Žemė   77
hodiny - laikrodis   79
týždeň - savaitė   80
rok - metai   81
tvary - formos   83
farby - spalvos   84
protiklady - priešingos reikšmės žodžiai   85
čísla - skaičiai   88
jazyky - kalbos   90
kto/čo/ako - kas / ką / kaip   91
kde - kur   92

Impressum
Verlag: BABADADA GmbH, Nedderfeld 112 , 22529 Hamburg
Geschäftsführer / Verlagsleitung: Harald Hof
Druck: Books on Demand GmbH, In de Tarpen 42, 22848 Norderstedt

Imprint
Publisher: BABADADA GmbH, Nedderfeld 112 , 22529 Hamburg, Germany
Managing Director / Publishing direction: Harald Hof
Print: Books on Demand GmbH, In de Tarpen 42, 22848 Norderstedt, Germany

škola
mokykla

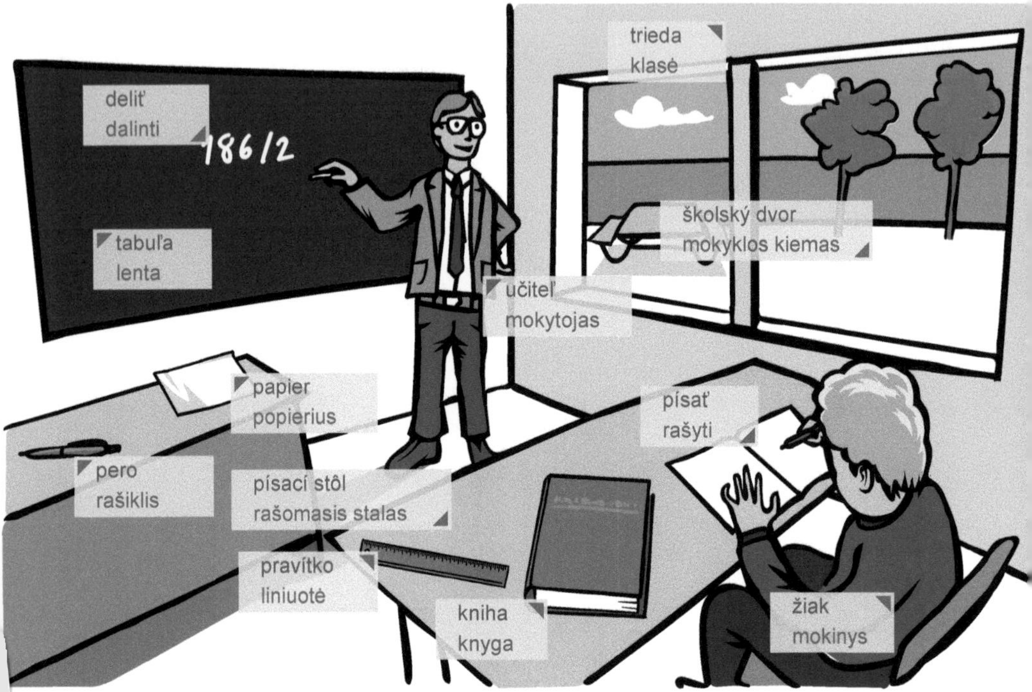
trieda
klasė
deliť
dalinti
186/2
tabuľa
lenta
školský dvor
mokyklos kiemas
učiteľ
mokytojas
papier
popierius
písať
rašyti
pero
rašiklis
písací stôl
rašomasis stalas
pravítko
liniuotė
kniha
knyga
žiak
mokinys

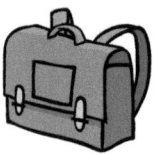

školská taška
kuprinė

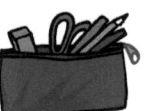

peračník
penalas

ceruza
pieštukas

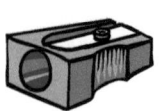

strúhadlo na ceruzky
drožtukas

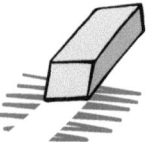

guma
trintukas

skicár
piešimo bloknotas

kresba

piešinys

štetec

teptukas

vodové farby

dažų dėžutė

nožnice

žirklės

lepidlo

klijai

cvičný zošit

vadovėlis

domáca úloha

namų darbai

12

číslo

numeris

2+2

sčítať

pridėti

5-2

odčítať

atimti

2×2

násobiť

dauginti

počítať

skaičiuoti

písmeno

raidė

ABCDEFG
HIJKLMN
OPQRSTU
VWXYZ

abeceda

abėcėlė

hello

slovo

žodis

text

tekstas

čítať

skaityti

krieda

kreida

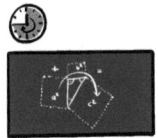

hodina

pamoka

triedna kniha

dienynas

skúška

egzaminas

certifikát

pažymėjimas

školská uniforma

mokyklinė uniforma

vzdelanie

išsilavinimas

encyklopédia

enciklopedija

univerzita

universitetas

mikroskop

mikroskopas

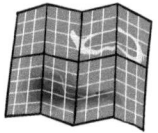

mapa

žemėlapis

kôš na papier

šiukšliadėžė

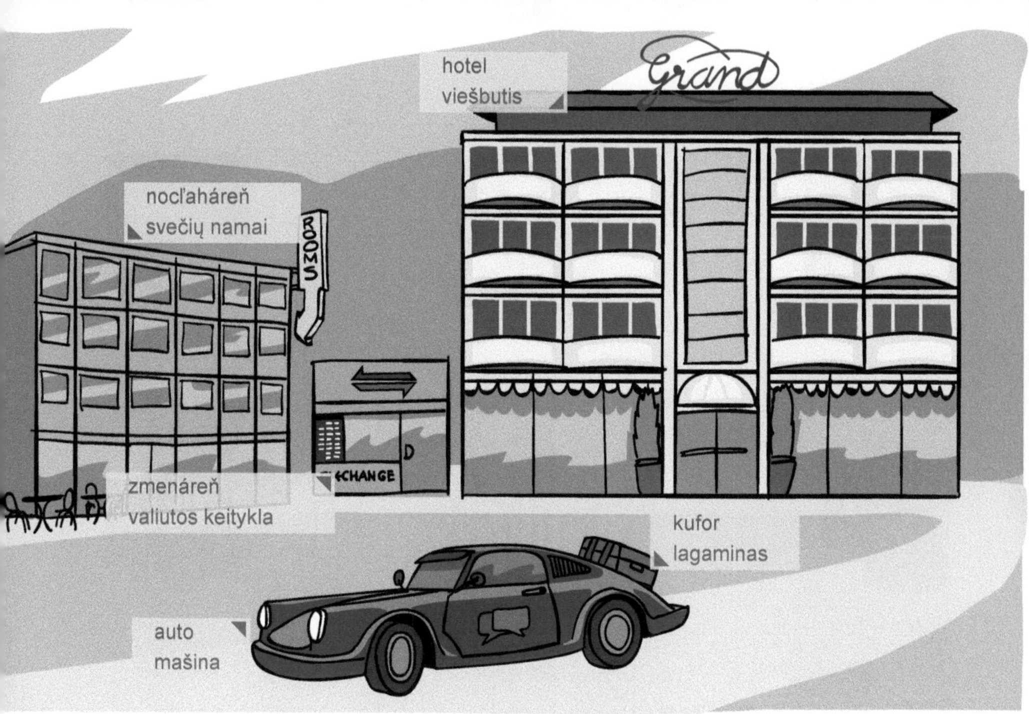

hotel
viešbutis
Grand
nocľaháreň
svečių namai
ROOMS
zmenáreň
valiutos keitykla
kufor
lagaminas
auto
mašina

jazyk

kalba

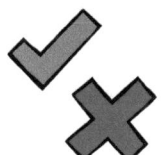

áno/nie

taip / ne

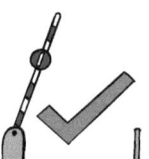

v poriadku

Gerai

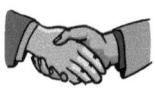

ahoj

sveiki

prekladateľ

vertėjas raštu

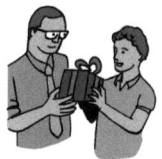

ďakujem

Ačiū

Koľko stojí ... ?

kiek kainuoja...?

Nerozumiem

aš nesuprantu

problém

problema

Dobrý večer!

Labas vakaras!

Dobré ráno!

Labas rytas!

Dobrú noc!

Labos nakties!

Dovidenia

viso gero

smer

kryptis

batožina

bagažas

taška

krepšys

batoh

kuprinė

hosť

svečias

izba

kambarys

spacák

miegmaišis

stan

palapinė

informácie pre turistov

turizmo informacija

pláž

paplūdimys

kreditná karta

kreditinė kortelė

raňajky

pusryčiai

obed

pietūs

večera

vakarienė

cestovný lístok

bilietas

výťah

liftas

poštová známka

pašto ženklas

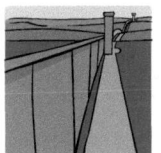

hranica

siena

clo

muitinė

veľvyslanectvo

ambasada

vízum

viza

cestovný pas

pasas

doprava
transportas

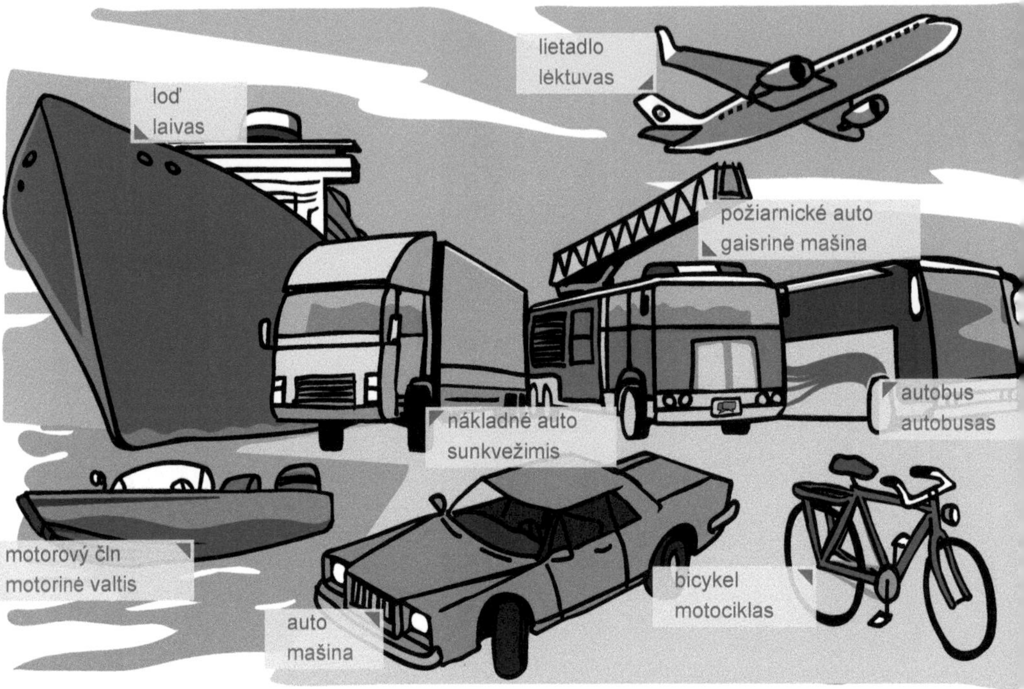
lietadlo
lėktuvas
loď
laivas
požiarnické auto
gaisrinė mašina
autobus
autobusas
nákladné auto
sunkvežimis
motorový čln
motorinė valtis
bicykel
motociklas
auto
mašina

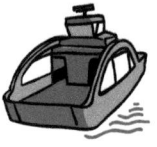

trajekt
keltas

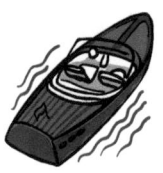

loď
valtis

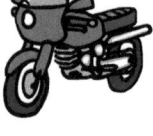

motorka
mopedas

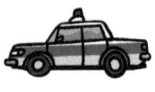

policajné auto
policijos automobilis

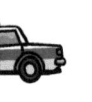

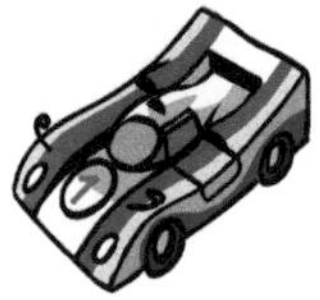

pretekárske auto
lenktyninis automobilis

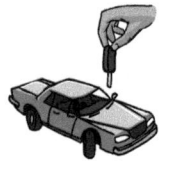

vozidlo z požičovne
nuomojamas automobilis

carsharing

bendras automobilio naudojimas

odťahové auto

techninės pagalbos automobilis

smetiarske auto

šiukšliavežė

motor

variklis

benzín

degalai

čerpacia stanica

degalinė

dopravná značka

kelio ženklas

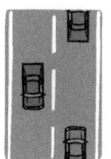

premávka

eismas

zápcha

eismo spūstis

parkovisko

mašinų stovėjimo aikštelė

vlaková stanica

traukinių stotis

trate

bėgiai

vlak

traukinys

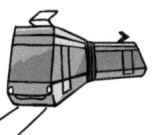

električka

tramvajus

vagón

vagonas

helikoptéra

sraigtasparnis

letisko

oro uostas

veža

bokštas

pasažier

keleivis

kontajner

konteineris

kartón

dėžė

vozík

vežimėlis

kôš

krepšys

štartovať / pristáť

pakilti / nusileisti

mesto
miestas

dedina

kaimas

centrum mesta

miesto centras

dom

namas

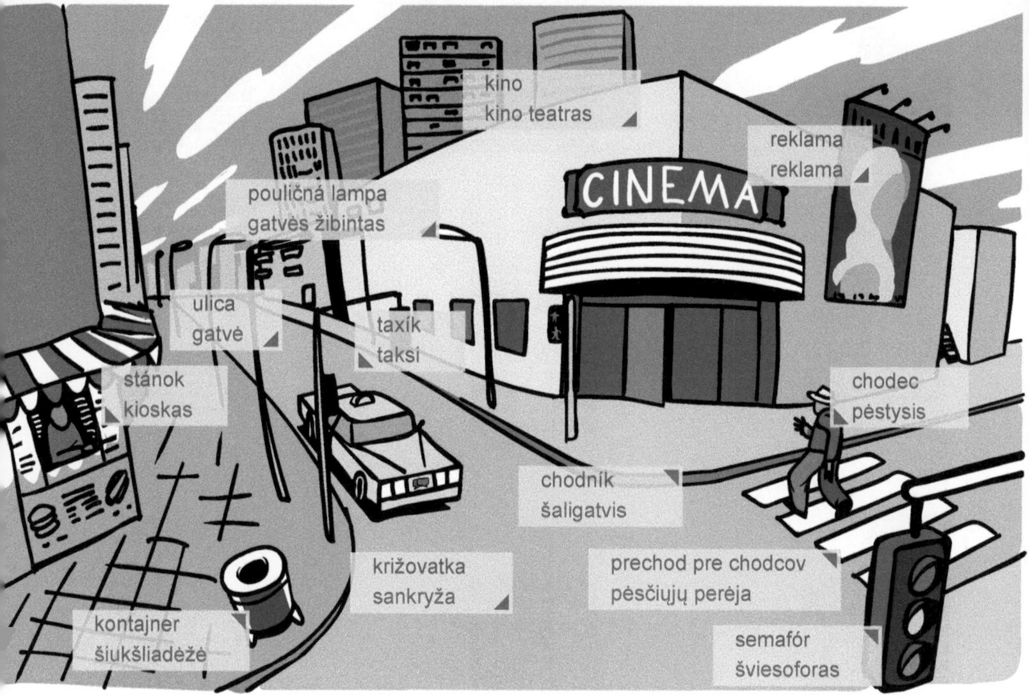

kino
kino teatras

reklama
reklama

pouličná lampa
gatvės žibintas

CINEMA

ulica
gatvė

taxík
taksi

chodec
pėstysis

stánok
kioskas

chodník
šaligatvis

križovatka
sankryža

prechod pre chodcov
pėsčiųjų perėja

kontajner
šiukšliadėžė

semafór
šviesoforas

chata
....
trobelė

byt
....
butas

vlaková stanica
....
traukinių stotis

radnica
....
rotušė

múzeum
....
muziejus

škola
....
mokykla

univerzita

universitetas

banka

bankas

nemocnica

ligoninė

hotel

viešbutis

lekáreň

vaistinė

kancelária

biuras

kníhkupectvo

knygynas

obchod

parduotuvė

kvetinárstvo

gėlių parduotuvė

supermarket

prekybos centras

trh

turgus

obchodný dom

universalinė parduotuvė

obchodník s rybami

žuvies parduotuvė

nákupné stredisko

prekybos centras

prístav

uostas

park

parkas

lavička

suoliukas

most

tiltas

schody

laiptai

metro

metro

tunel

tunelis

autobusová zastávka

autobusų stotelė

bar

baras

reštaurácia

restoranas

poštová schránka

lauko pašto dėžutė

tabuľa s názvom ulice

kelio ženklas

parkovacie hodiny

parkomatas

ZOO

zoologijos sodas

plaváreň

baseinas

mešita

mečetė

farma
ūkininko ūkis

znečisťovanie životného prostredia
tarša

cintorín
kapinės

kostol
bažnyčia

ihrisko
žaidimų aikštelė

chrám
šventykla

terén

kraštovaizdis

list
lapas

smerová tabuľa
kelio rodyklė

cesta
kelias

lúka
pieva

kameň
akmuo

turista
ėjikas

strom
medis

rieka
upė

tráva
žolė

kvet
gėlė

dolina

slėnis

kopec

kalva

jazero

ežeras

les

miškas

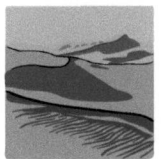

púšť

dykuma

vulkán

ugnikalnis

zámok

pilis

dúha

vaivorykštė

hríb

grybas

palma

palmė

komár

uodas

mucha

musė

mravec

skruzdėlė

včela

bitė

pavúk

voras

chrobák

vabalas

žaba

varlė

veverička

voverė

jež

ežys

zajac

kiškis

sova

pelėda

vták

paukštis

labuť

gulbė

diviak

šernas

jeleň

elnias

los

briedis

hrádza

užtvanka

veterná turbína

vėjo jėgainė

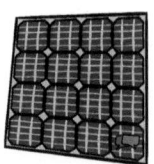

solárny panel

saulės baterija

podnebie

klimatas

reštaurácia
restoranas

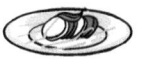

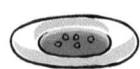

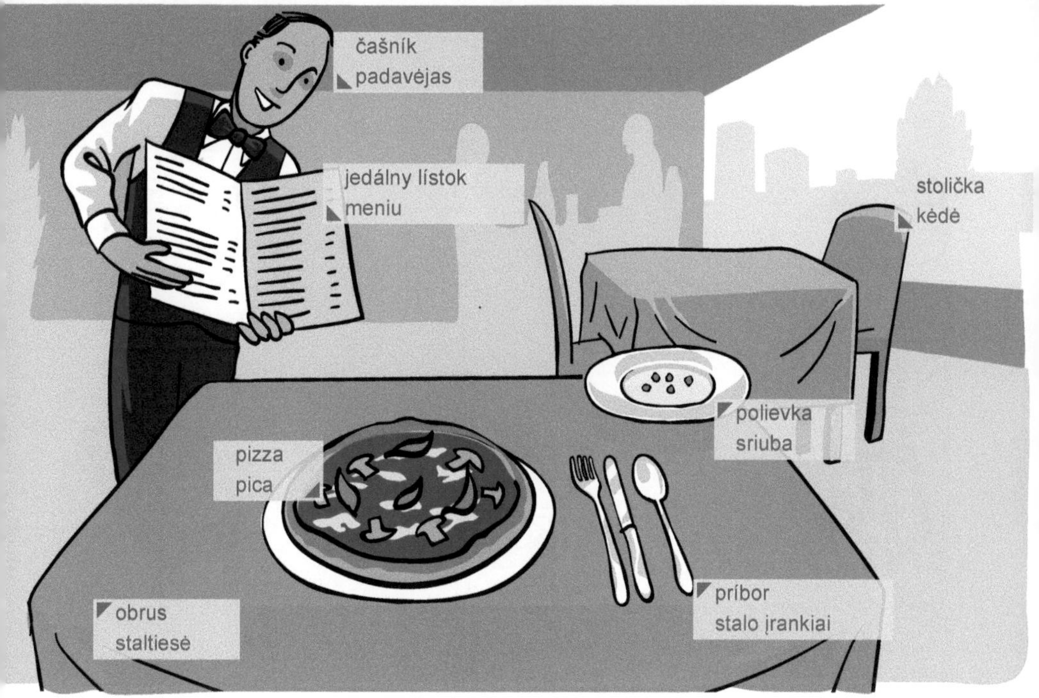
čašník
padavėjas
jedálny lístok
meniu
stolička
kėdė
polievka
sriuba
pizza
pica
príbor
stalo įrankiai
obrus
staltiesė

predjedlo

užkandis

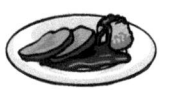

hlavné jedlo

pagrindinis patiekalas

zákusok

desertas

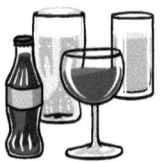

nápoje

gėrimai

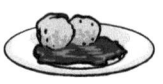

jedlo

maistas

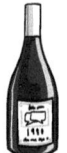

fľaša

butelis

fast-food

greitai pateikiamas maistas

street food

gatvės maistas

kanvica na čaj

arbatinukas

cukornička

cukrinė

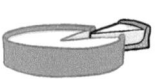

porcia

porcija

stroj na espresso

espreso aparatas

detská stolička

aukšta kėdė

účet

sąskaita

podnos

padėklas

nôž

peilis

vidlička

šakutė

lyžica

šaukštas

čajová lyžička

arbatinis šaukštelis

obrúsok

servetėlė

pohár

stiklinė

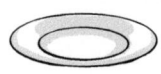

tanier

lėkštė

hlboký tanier

sriubos lėkštė

podšálka

padėklas

omáčka

padažas

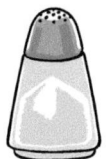

soľnička

druskinė

mlynček na korenie

pipirų malūnėlis

ocot

actas

olej

aliejus

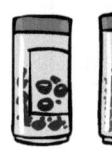

korenie

prieskoniai

kečup

kečupas

horčica

garstyčios

majonéza

majonezas

supermarket
prekybos centras

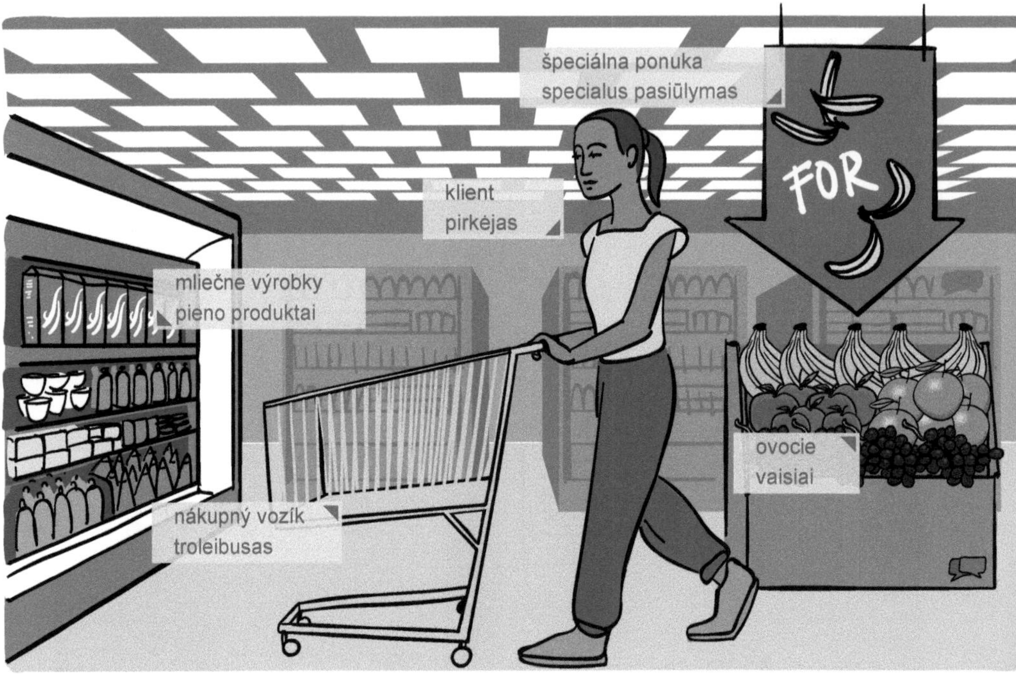

špeciálna ponuka
specialus pasiūlymas
FOR
klient
pirkėjas
mliečne výrobky
pieno produktai
ovocie
vaisiai
nákupný vozík
troleibusas

BUTCHERS

mäsiarstvo

mėsos parduotuvė

BAKERY

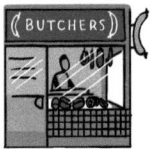

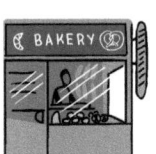

pekáreň

kepykla

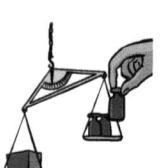

vážiť

sverti

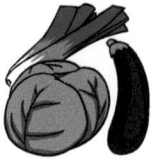

zelenina

daržovės

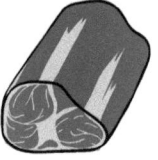

mäso

mėsa

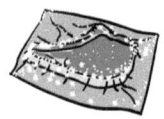

mrazené potraviny

šaldytas maistas

nárez

šalti mėsos užkandžiai

konzervy

konservai

prací prostriedok

skalbimo milteliai

sladkosti

saldumynai

domáce potreby

ūkinės prekės

čistiace prostriedky

valymo priemonės

predavačka

pardavėja

pokladňa

kasos aparatas

pokladník

kasininkas

nákupný zoznam

pirkinių sąrašas

otváracie hodiny

darbo valandos

peňaženka

piniginė

kreditná karta

kreditinė kortelė

taška

maišelis

plastové vrecko

plastikinis maišelis

voda
vanduo

džús
sultys

mlieko
pienas

kola
kola

víno
vynas

pivo
alus

alkohol
alkoholis

kakao
kakava

čaj
arbata

káva
kava

espresso
espresas

kapučíno
kapučinas

banán

bananas

jablko

obuolys

pomaranč

apelsinas

melón

arbūzas

citrón

citrina

mrkva

morka

cesnak

česnakas

bambus

bambukas

cibuľa

svogūnas

hríb

grybas

orechy

riešutai

rezance

makaronai

špagety

spagečiai

ryža

ryžiai

šalát

salotos

hranolky

traškučiai

pečené zemiaky

keptos bulvės

pizza

pica

hamburger

mėsainis

obložený chlebík

sumuštinis

rezeň

pjausnys

šunka

kumpis

saláma

saliamis

klobása

dešrelė

kurča

vištiena

pečené mäso

kepsnys

ryba

žuvis

ovsené vločky
avižų dribsniai

müsli
dribsniai su priedais

kukuričné lupienky
kukurūzų dribsniai

múka
miltai

croissant
prancūziškasis ragelis

pečivo
bandelė

chlieb
duona

hrianka
skrebutis

sušienky
sausainiai

maslo
sviestas

tvaroh
varškė

koláč
tortas

vajce
kiaušinis

volské oko
kiaušinienė

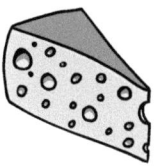

syr
sūris

zmrzlina

ledai

cukor

cukrus

med

medus

lekvár

uogienė

nugátová nátierka

tepamas šokoladas

karí korenie

karis

farma
ūkininko ūkis

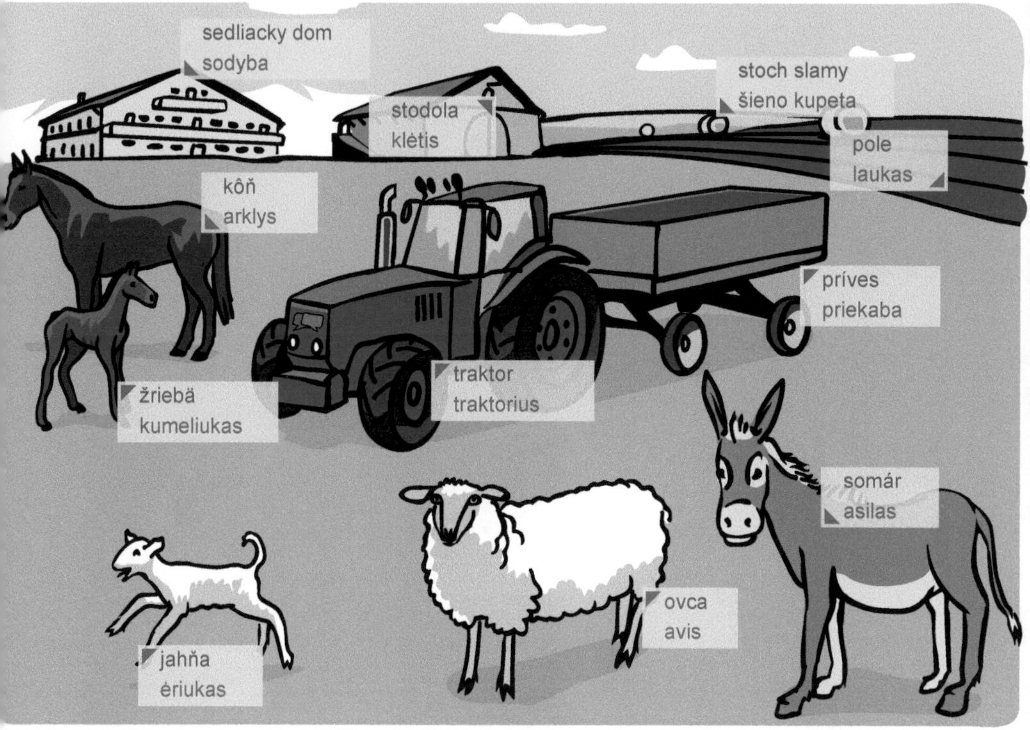

sedliacky dom
sodyba
stodola
klėtis
stoch slamy
šieno kupeta
pole
laukas
kôň
arklys
príves
priekaba
traktor
traktorius
žriebä
kumeliukas
somár
asilas
ovca
avis
jahňa
ėriukas

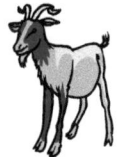

koza
ožys

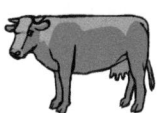

krava
karvė

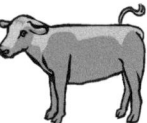

teľa
veršis

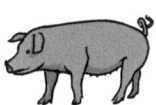

prasa
kiaulė

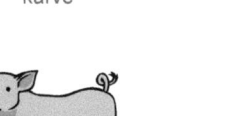

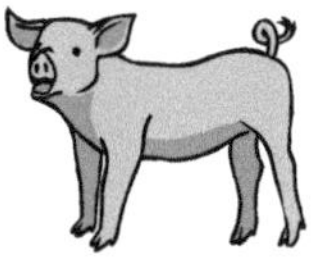
prasiatko
paršelis

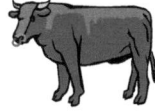

býk
bulius

hus
žąsis

kačica
antis

kuriatko
viščiukas

sliepka
višta

kohút
gaidys

potkan
žiurkė

mačka
katė

myš
pelė

vôl
jautis

pes
šuo

psia búda
šuns būda

záhradná hadica
sodo namas

krhla
laistytuvas

kosa
dalgis

pluh
plūgas

kosák

pjautuvas

motyka

kauptukas

vidly na hnoj

šakės

sekera

kirvis

fúrik

statinė

koryto

lovys

kanva na mlieko

bidonas

vrece

maišas

plot

tvora

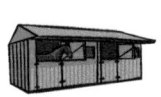

maštaľ

arklidė

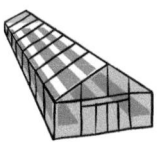

skleník

šiltnamis

pôda

dirva

osivo

sėkla

hnojivo

trąšos

kombajn

kombainas

žať
rinkti

žatva
derlius

batát
saldžiosios bulvės

pšenica
kviečiai

sója
soja

zemiak
bulvė

kukurica
kukurūzai

repka
rapsai

ovocný strom
vaismedis

maniok
manijokas

obilie
grūdai

dom
namas

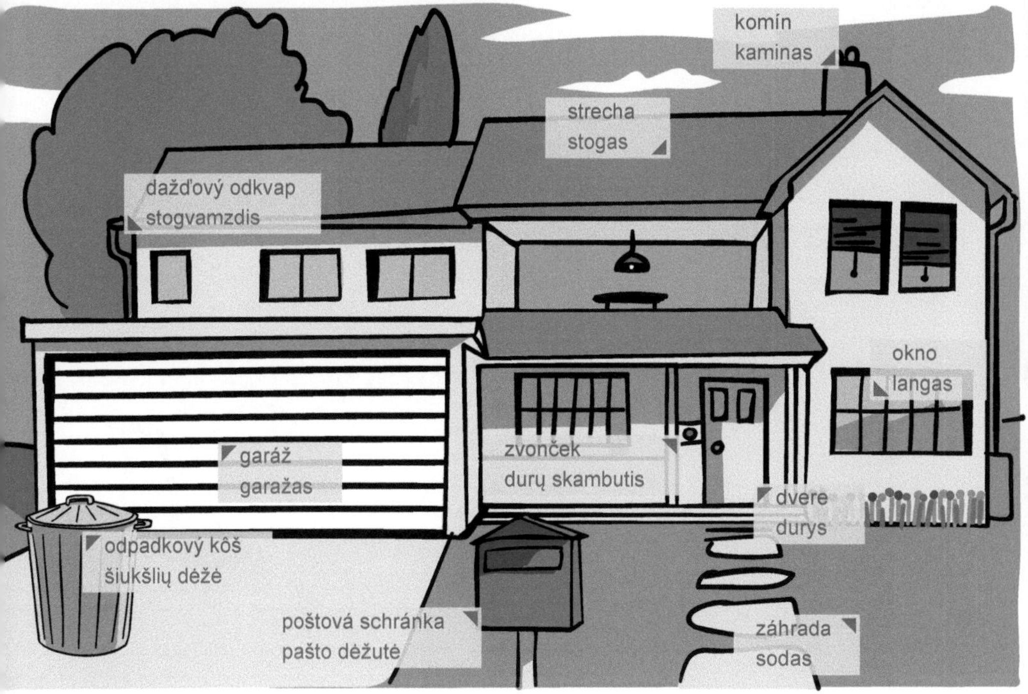
komín
kaminas
strecha
stogas
dažďový odkvap
stogvamzdis
okno
langas
garáž
garažas
zvonček
durų skambutis
dvere
durys
odpadkový kôš
šiukšlių dėžė
poštová schránka
pašto dėžutė
záhrada
sodas

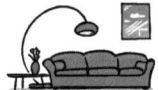

obývačka

svetainė

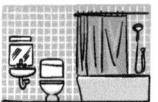

kúpeľňa

vonios kambarys

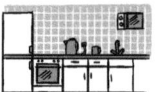

kuchyňa

virtuvė

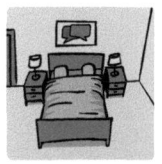

spálňa

miegamasis

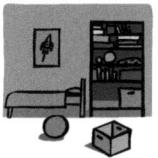

detská izba

vaiko kambarys

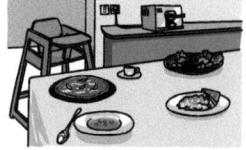

jedáleň

valgomasis

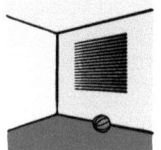

podlaha
grindys

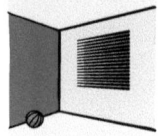

stena
siena

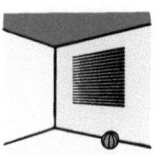

strop
lubos

pivnica
rūsys

sauna
sauna

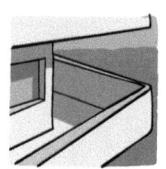

balkón
balkonas

terasa
terasa

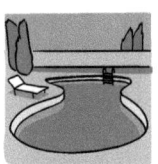

bazén
baseinas

kosačka
žoliapjovė

obliečka
paklodė

posteľná prikrývka
lovatiesė

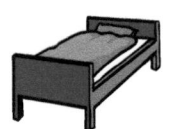

posteľ
lova

metla
šluota

vedro
kibiras

vypínač
jungiklis

obývačka

svetainė

tapeta
tapetai
obraz
nuotrauka
lampa
šviestuvas
regál
lentyna
skriňa
spintelė
televízor
televizorius
kozub
židinys
kvet
gėlė
vankúš
pagalvėlė
pohovka
sofa
váza
vaza
diaľkové ovládanie
nuotolinio valdymo pultelis

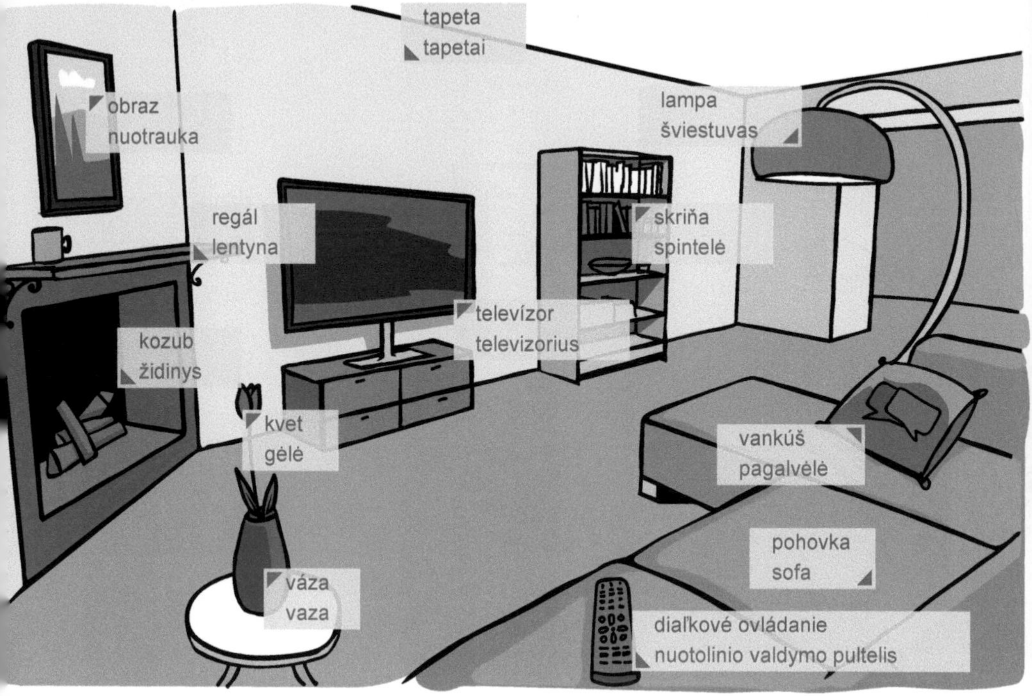

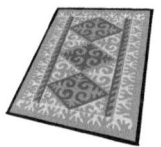

koberec

kilimas

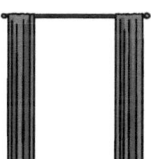

záclona

užuolaida

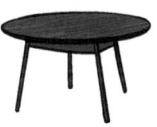

stôl

stalas

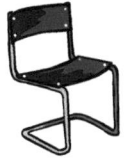

stolička

kėdė

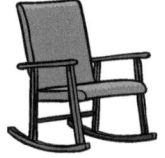

hojdacie kreslo

supamasis krėslas

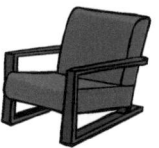

kreslo

fotelis

kniha

knyga

prikrývka

antklodė

dekorácia

papuošimai

drevo na kúrenie

malkos

film

filmas

hi-fi veža

stereo aparatūra

kľúč

raktas

noviny

laikraštis

maľba

paveikslas

plagát

plakatas

rádio

radijas

zápisník

užrašų knygelė

vysávač

dulkių siurblys

kaktus

kaktusas

sviečka

žvakė

kuchyňa
virtuvė

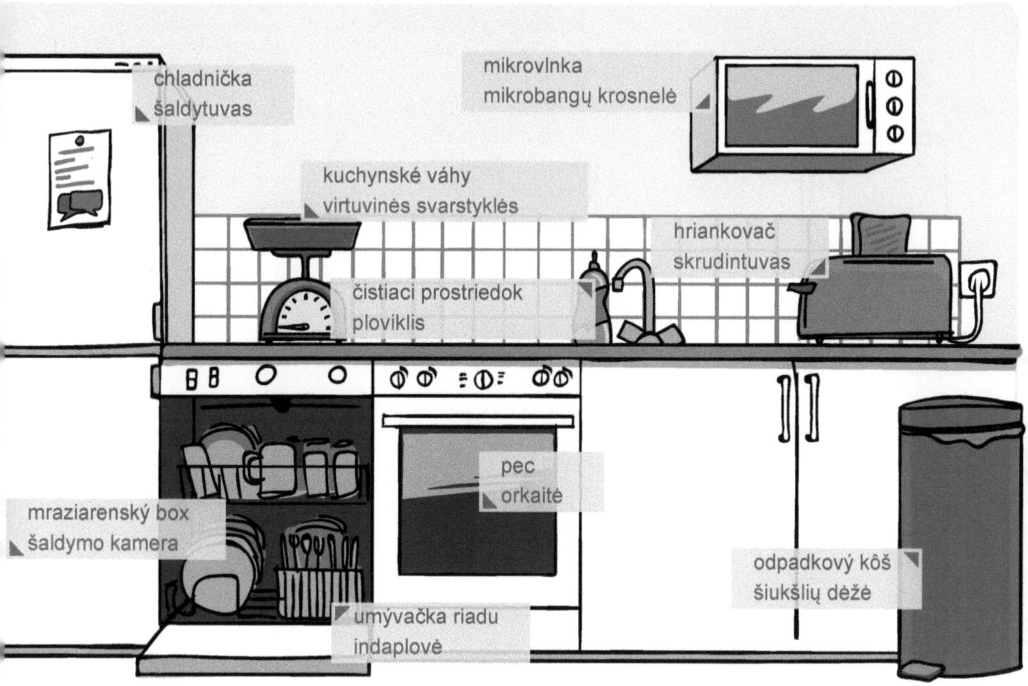
chladnička
šaldytuvas
mikrovlnka
mikrobangų krosnelė
kuchynské váhy
virtuvinės svarstyklės
hriankovač
skrudintuvas
čistiaci prostriedok
ploviklis
pec
orkaitė
mraziarenský box
šaldymo kamera
odpadkový kôš
šiukšlių dėžė
umývačka riadu
indaplovė

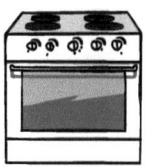

sporák
viryklė

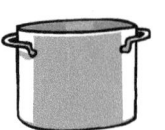

hrniec
puodas

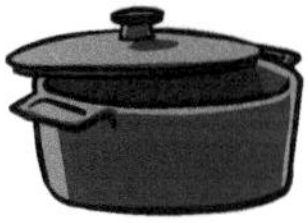
železný hrniec
ketaus puodas

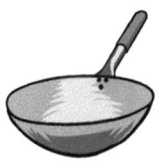

wok / kadai
„wok“ keptuvė

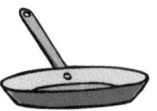

panvica
keptuvė

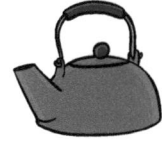

rýchlovarná kanvica
virdulys

parný hrniec

garų puodas

plech na pečenie

kepimo skarda

riad

porceliano indai

pohár

puodelis

misa

dubuo

paličky

valgomosios lazdelės

naberačka na polievku

samtis

stierka

mentelė

metlička

plaktuvas

cedidlo

koštuvas

sitko

sietas

strúhadlo

trintuvė

mažiar

grūstuvė

gril

kepsninė

ohnisko

atvira liepsna

doska na krájanie

pjaustymo lentelė

valček na cesto

kočėlas

vývrtka

kamščiatraukis

konzerva

skardinė

otvárač na konzervy

skardinių atidarytuvas

chňapka

puodkėlė

výlevka

kriauklė

kefa

šepetys

hubka

kempinė

mixér

trintuvas

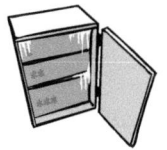

mraznička

šaldiklis

kojenecká fľaša

kūdikių buteliukas

vodovodný kohútik

čiaupas

kúpeľňa

vonios kambarys

kúrenie
šildymas
uterák
rankšluostis
sprcha
dušas
sprchový záves
dušo užuolaidos
pena do kúpeľa
vonios putos
vaňa
vonia
pohár
stiklinė
práčka
skalbimo mašina
vodovodný kohútik
čiaupas
dlaždice
plytelės
nočník
naktinis puodukas
výlevka
kriauklė

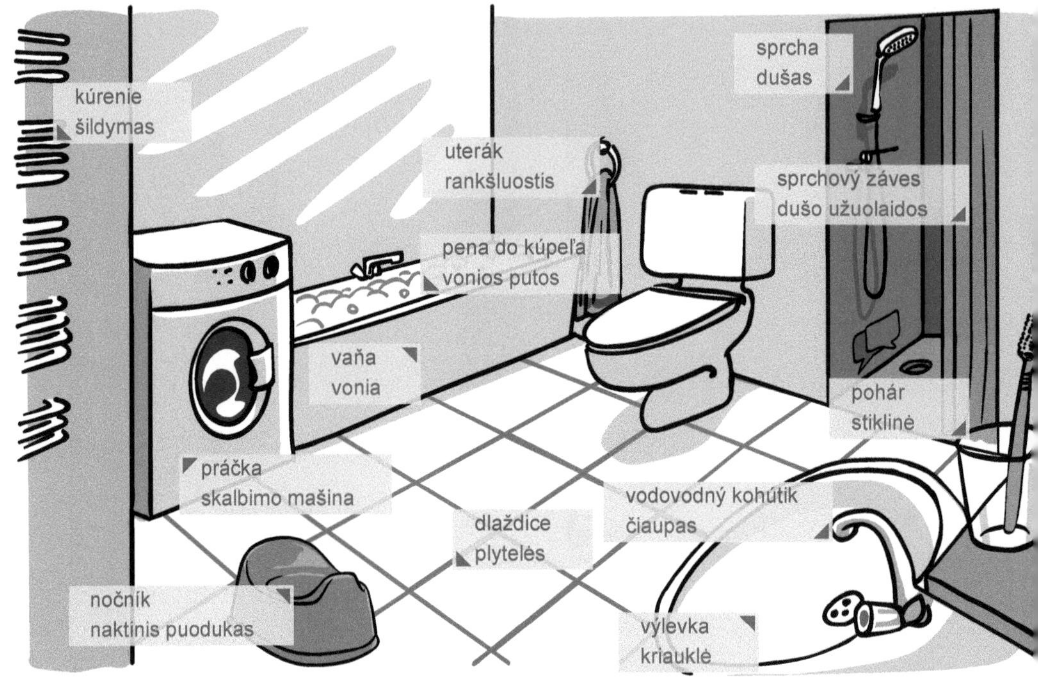

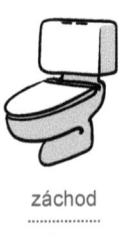

záchod

unitazas

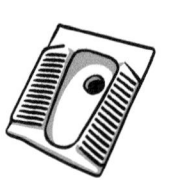

suchý záchod

tupimasis unitazas

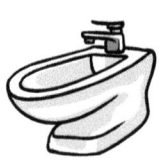

bidet

bidė

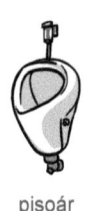

pisoár

pisuaras

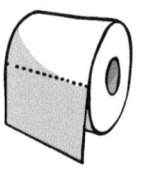

toaletný papier

tualetinis popierius

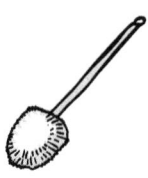

záchodová kefa

unitazo šepetys

zubná kefka

dantų šepetėlis

zubná pasta

dantų pasta

dentálna niť

dantų siūlas

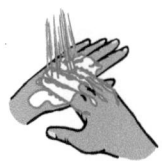

umývať

plauti

ručná sprcha

dušo galvutė

sprcha pre intímnu hygienu

higieninis dušas

umývadlo

praustuvas

kefa na chrbát

nugaros plaušinė

mydlo

muilas

sprchový gél

dušo želė

šampón

šampūnas

frotírová rukavica

plaušinė

odtok

kanalizacija

krém

kremas

dezodorant

dezodorantas

zrkadlo

veidrodis

kozmetické zrkadlo

veidrodėlis

žiletka

skustuvas

pena na holenie

skutimosi putos

voda po holení

losjonas po skutimosi

hrebeň

šukos

kefa

šepetys

sušič vlasov

plaukų džiovintuvas

sprej na vlasy

plaukų lakas

make-up

makiažas

rúž

lūpdažis

lak na nechty

nagų lakas

vata

vata

nožnice na nechty

žirklutės nagams

parfum

kvepalai

kozmetická taška
....
maišelis skalbiniams

stolček
....
taburetė

váha
....
svarstyklės

kúpací plášť
....
chalatas

gumové rukavice
....
guminės pirštinės

tampón
....
tamponas

menštruačná vložka
....
higieninis įklotas

chemické WC
....
biotualetas

detská izba
vaiko kambarys

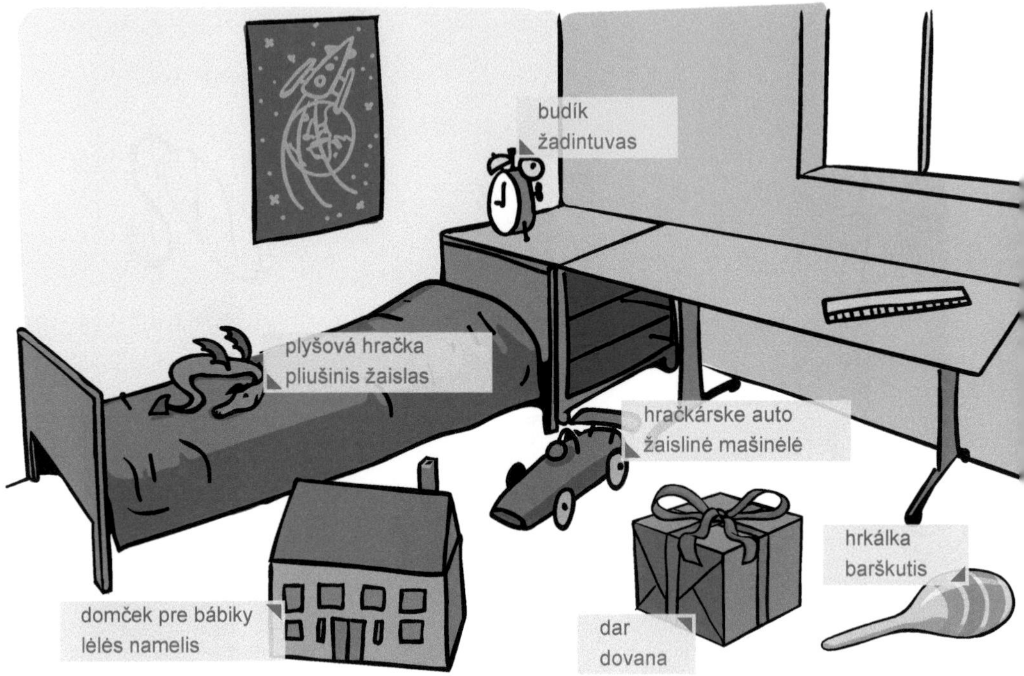

budík
žadintuvas
plyšová hračka
pliušinis žaislas
hračkárske auto
žaislinė mašinėlė
hrkálka
barškutis
domček pre bábiky
lėlės namelis
dar
dovana

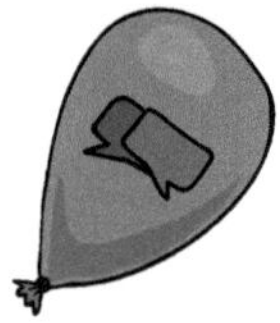

balón
balionas

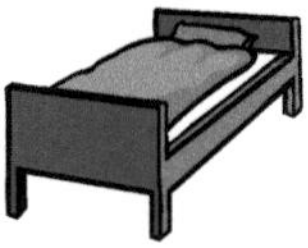

posteľ
lova

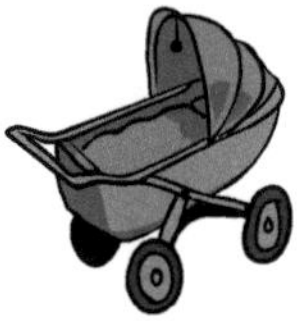

detský kočík
vaikiškas vežimėlis

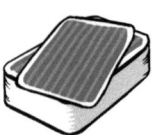

karty
kortų malka

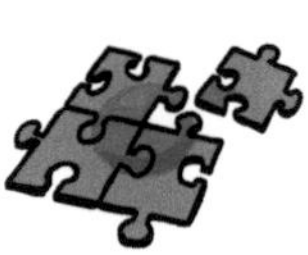

puzzle
delionė

SUPER
MEGA

komix
komiksai

skladačka lego

lego kaladėlės

stavebnica

žaislinės kaladėlės

akčná postavička

figūrėlė

dupačky

šliaužtinukai

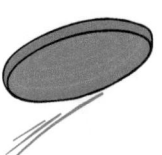

lietajúci tanier

mėtymo lėkštė

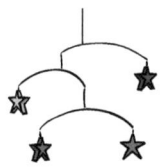

závesné hračky

karuselė

stolová hra

stalo žaidimas

kocka

kauliukai

modelový vláčik

žaislinis traukinys

cumlík

žindukas

párty

vakarėlis

obrázková kniha

paveiksliukų knygelė

lopta

kamuolys

bábika

lėlė

hrať sa

žaisti

pieskovisko

smėlio dėžė

hojdačka

sūpynės

hračky

žaislai

hracia konzola

žaidimų konsolė

trojkolka

triratukas

medvedík

meškiukas

šatník

drabužių spinta

šatstvo
drabužis

ponožky

kojinės

pančuchy

kojinės virš kelių

pančuchové nohavičky

pėdkelnės

šál
šalikas

dáždnik
skėtis

tričko
marškinėliai

opasok
diržas

čižmy
ilgaauliai batai

papuče
šlepetės

tenisky
sportbačiai

sandále

topánky

gumáky

sandalai

batai

guminiai batai

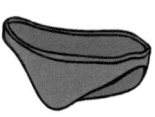

spodky

podprsenka

tielko

trumpikės

liemenėlė

liemenė

body
glaustinukė

nohavice
kelnės

džínsy
džinsai

sukňa
sijonas

blúzka
palaidinė

košeľa
marškiniai

pulóver
megztinis

sveter
megztinis su gobtuvu

blejzer
švarkelis

bunda
švarkas

kabát
paltas

pršiplášť
lietpaltis

kostým
kostiumas

šaty
suknelė

svadobné šaty
vestuvinė suknelė

oblek
....
kostiumas

nočná košeľa
....
naktiniai marškiniai

pyžamo
....
pižama

sari
....
saris

šatka na hlavu
....
skarelė

turban
....
tiurbanas

burka
....
burka

kaftan
....
kaftanas

abaja
....
abaja

dvojdielne plavky
....
maudymosi kostiumėlis

plavky
....
glaudės

šortky
....
šortai

tepláková súprava
....
sportinis kostiumas

zástera
....
prijuostė

rukavice
....
pirštinės

gombík
....
saga

okuliare
....
akiniai

náramok
....
apyrankė

retiazka
....
vėrinys

prsteň
....
žiedas

náušnica
....
auskaras

čiapka
....
kepurė

vešiak
....
pakabas

klobúk
....
skrybėlė

kravata
....
kaklaraištis

zips
....
užtrauktukas

prilba
....
šalmas

traky
....
breketai

školská uniforma
....
mokyklinė uniforma

uniforma
....
uniforma

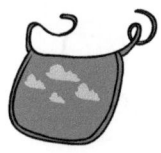

podbradník

seilinukas

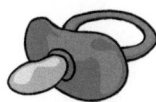

cumlík

žindukas

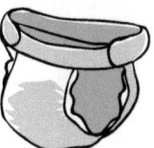

plienka

vystyklai

kancelária

biuras

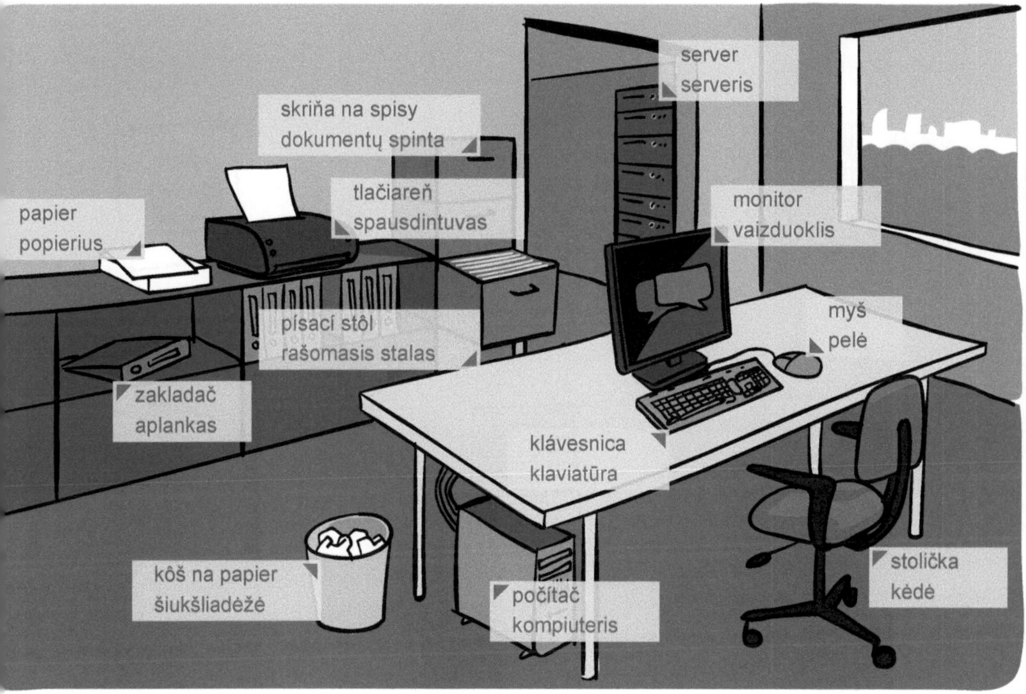

server
serveris
skriňa na spisy
dokumentų spinta
tlačiareň
spausdintuvas
papier
popierius
monitor
vaizduoklis
myš
pelė
písací stôl
rašomasis stalas
zakladač
aplankas
klávesnica
klaviatūra
kôš na papier
šiukšliadėžė
počítač
kompiuteris
stolička
kėdė

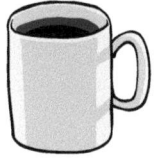

hrnček na kávu

kavos puodelis

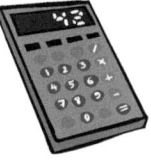

kalkulačka

kalkuliatorius

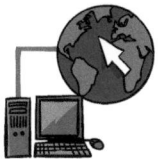

internet

internetas

laptop

nešiojamasis kompiuteris

list

laiškas

správa

žinutė

mobil

mobilusis telefonas

sieť

tinklas

kopírka

fotokopijavimo aparatas

softvér

programinė įranga

telefón

telefonas

elektrická zásuvka

kištukinis lizdas

fax

faksas

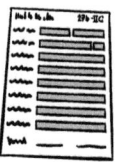

formulár

forma

doklad

dokumentas

kúpiť

pirkti

platiť

mokėti

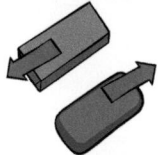

obchodovať

prekiauti

peniaze

pinigai

 **USD**

dolár

doleris

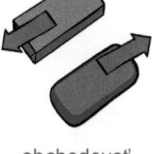 **EUR**

euro

euras

 **JPY**

jen

jena

 **RUB**

rubeľ

rublis

 **CHF**

švajčiarsky frank

Šveicarijos frankas

 **CNY**

čínsky jüan

juanis

 **INR**

rupia

rupija

bankomat

bankomatas

zmenáreň

valiutos keitykla

zlato

auksas

striebro

sidabras

ropa

nafta

energia

energija

cena

kaina

zmluva

sutartis

daň

mokestis

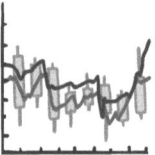

akcia

akcijos

pracovať

dirbti

zamestnanec

darbuotojas

zamestnávateľ

darbdavys

továreň

gamykla

obchod

parduotuvė

povolania
profesijos

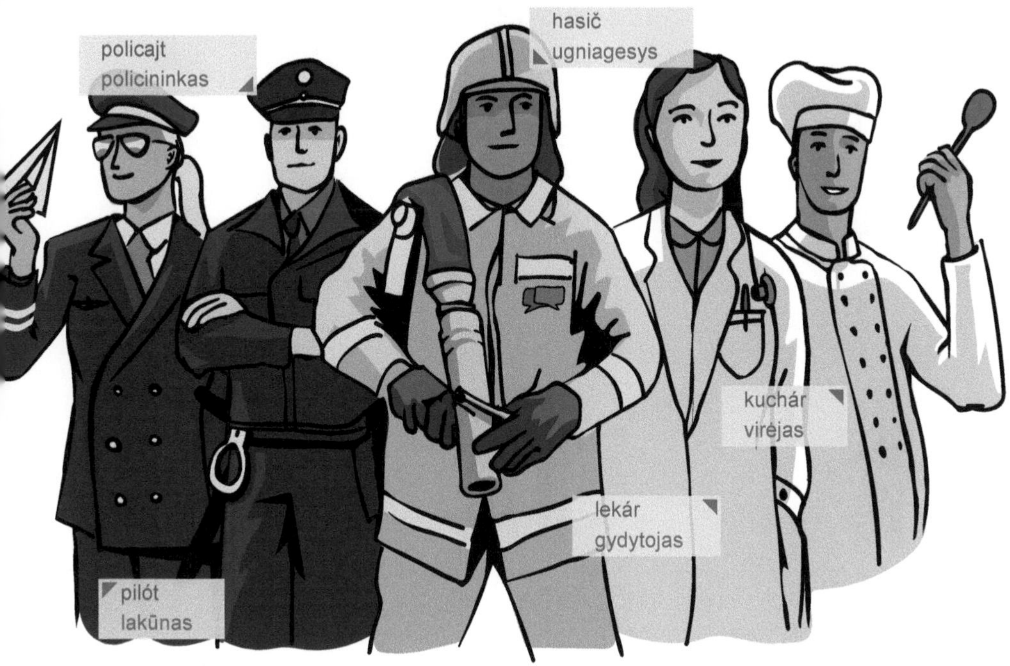
policajt
policininkas
hasič
ugniagesys
kuchár
virėjas
lekár
gydytojas
pilót
lakūnas

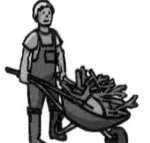

záhradník

sodininkas

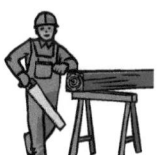

stolár

stalius

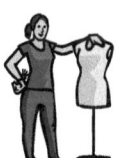

krajčírka

siuvėja

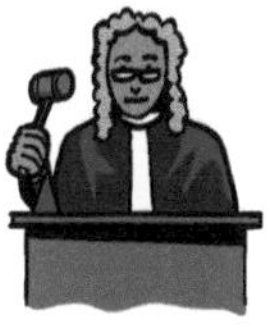

sudca

teisėjas

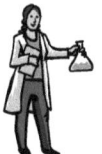

chemik

chemikas

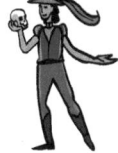

herec

aktorius

vodič autobusu

autobuso vairuotojas

taxikár

taksi vairuotojas

rybár

žvejys

upratovačka

valytoja

pokrývač

stogdengys

čašník

padavėjas

poľovník

medžiotojas

maliar

dailininkas

pekár

kepėjas

elektrikár

elektrikas

stavebný robotník

statybininkas

inžinier

inžinierius

mäsiar

mėsininkas

klampiar

santechnikas

poštár

paštininkas

vojak

kareivis

architekt

architektas

pokladník

kasininkas

kvetinár

gélininkas

kaderník

kirpėjas

sprievodca

konduktorius

mechanik

mechanikas

kapitán

kapitonas

zubár

odontologas

vedec

mokslininkas

rabín

rabinas

imám

imamas

mních

vienuolis

farár

kunigas

náradie
įrankiai

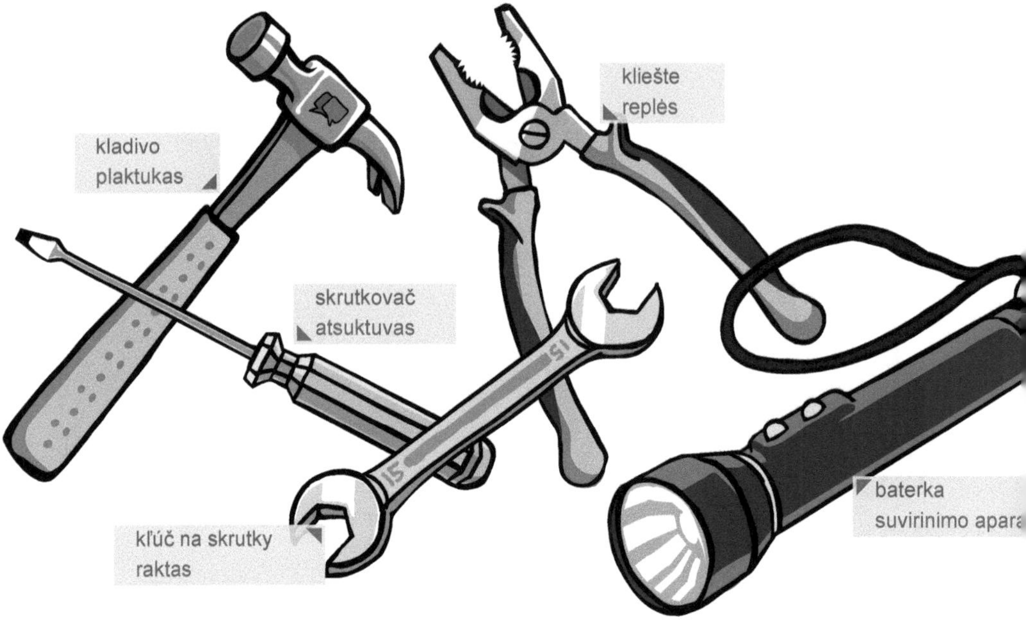
kliešte
replės
kladivo
plaktukas
skrutkovač
atsuktuvas
baterka
suvirinimo apara
kľúč na skrutky
raktas

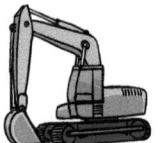

bager

ekskavatorius

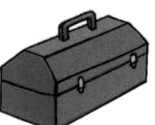

súprava náradia

įrankių dėžė

rebrík

kopėčios

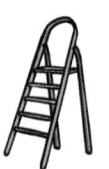

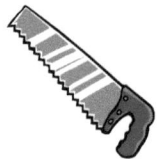

pílka

pjūklas

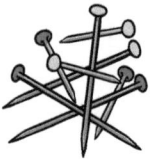

klince

vinys

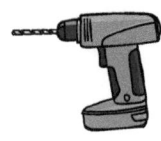

vrták

grąžtas

opraviť
....
ʹ taisyti

lopata
....
kastuvas

Do čerta!
....
Velniava!

lopatka na smeti
....
semtuvėlis

nádoba s farbou
....
dažų skardinė

skrutky
....
varžtai

hudobné nástroje
muzikos instrumentai

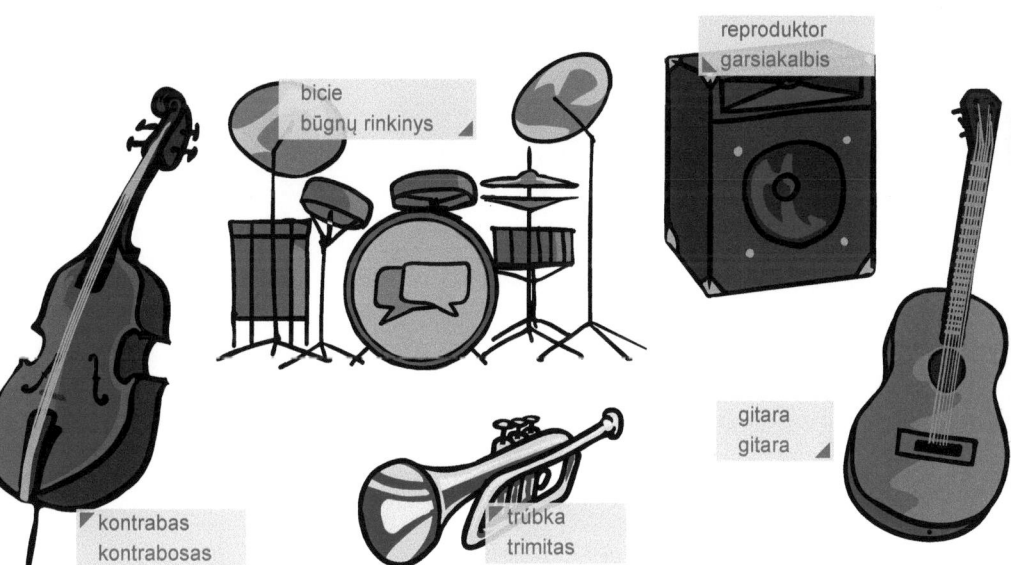

reproduktor
garsiakalbis

bicie
būgnų rinkinys

gitara
gitara

kontrabas
kontrabosas

trúbka
trimitas

klavír

pianinas

husle

smuikas

basa

bosinė gitara

tympany

timpanas

bubon

būgnai

klávesnica

sintezatorius

saxofón

saksofonas

flauta

fleita

mikrofón

mikrofonas

ZOO

zoologijos sodas

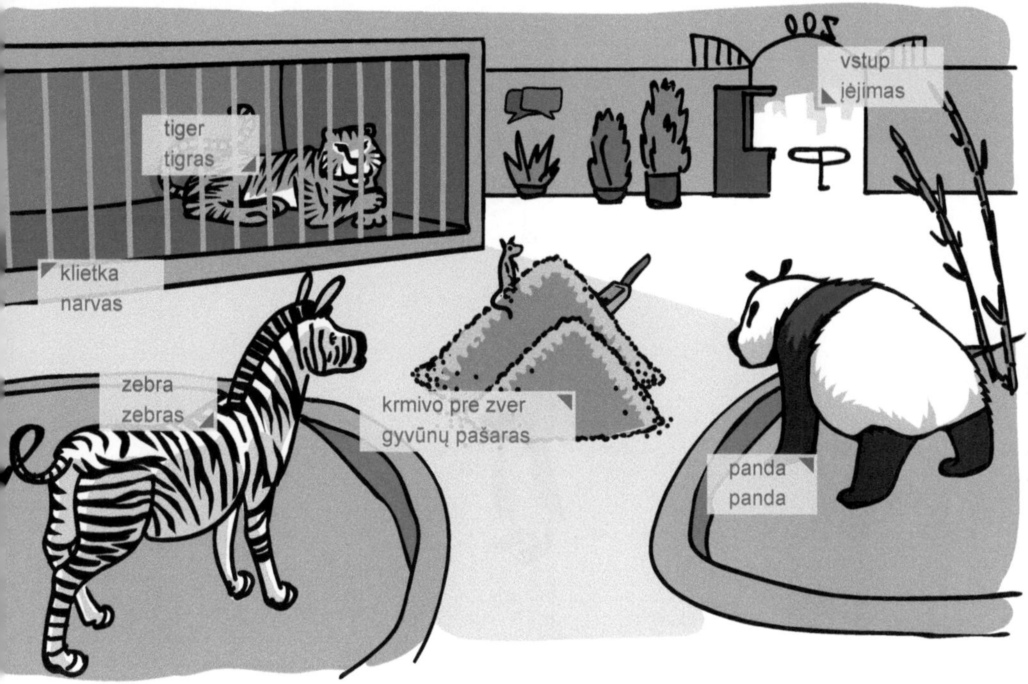

vstup
įėjimas
tiger
tigras
klietka
narvas
zebra
zebras
krmivo pre zver
gyvūnų pašaras
panda
panda

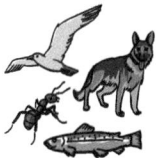

zvieratá

gyvūnai

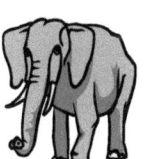

slon

dramblys

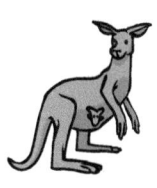

klokan

kengūra

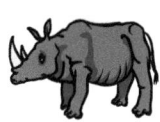

nosorožec

raganosis

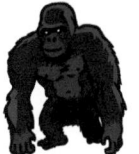

gorila

gorila

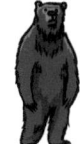

medveď

meška

ťava
....
kupranugaris

pštros
....
strutis

lev
....
liūtas

opica
....
beždžionė

plameniak
....
flamingas

papagáj
....
papūga

ľadový medveď
....
baltoji meška

tučniak
....
pingvinas

žralok
....
ryklys

páv
....
povas

had
....
gyvatė

krokodíl
....
krokodilas

ošetrovateľ v ZOO
....
zoologijos sodo prižiūrėtojas

tuleň
....
ruonis

jaguár
....
jaguaras

poník
ponis

leopard
leopardas

hroch
begemotas

žirafa
žirafa

orol
erelis

diviak
šernas

ryba
žuvis

korytnačka
vėžlys

mrož
vėplys

líška
lapė

gazela
gazelė

americký futbal
amerikietiškas futbolas

cyklistika
dviračių sportas

tenis
tenisas

basketbal
krepšinis

plávanie
plaukimas

box
boksas

hokej
ledo ritulys

futbal
futbolas

bedminton
badmintonas

ľahká atletika
atletika

hádzaná
rankinis

lyžovanie
slidinėjimas

pólo
polas

skočiť
šokinėti

objať
apkabinti

smiať sa
juoktis

chodiť
vaikščioti

spievať
dainuoti

snívať
svajoti

modliť sa
melstis

pobozkať
bučiuoti

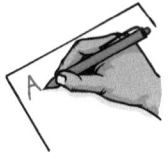

písať
....
rašyti

kresliť
....
piešti

ukázať
....
rodyti

tlačiť
....
stumti

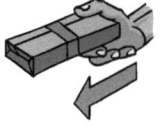

dať
....
duoti

brať
....
imti

mať
....
turėti

robiť
....
daryti

byť
....
būti

stáť
....
stovėti

bežať
....
bėgti

ťahať
....
traukti

hádzať
....
mesti

padnúť
....
kristi

ležať
....
meluoti

čakať
....
laukti

nosiť
....
nešti

sedieť
....
sėdėti

obliecť sa
....
rengtis

spať
....
miegoti

zobudiť sa
....
pabusti

pozerať

žiūrėti

plakať

verkti

hladkať

glostyti

česať

šukuoti

hovoriť

kalbėti

rozumieť

suprasti

pýtať sa

paklausti

počuť

klausytis

piť

gerti

jesť

valgyti

upratať

tvarkytis

milovať

mylėti

variť

gaminti

jazdiť

vairuoti

letieť

skristi

plachtiť
....
buriuoti

počítať
....
skaičiuoti

čítať
....
skaityti

učiť sa
....
mokytis

pracovať
....
dirbti

oženiť
....
vesti

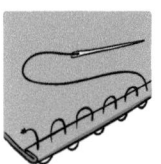

šiť
....
siūti

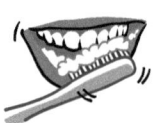

čistiť zuby
....
valytis dantis

zabiť
....
žudyti

fajčiť
....
rūkyti

poslať
....
siųsti

stará mama
senelė

starý otec
senelis

otec
tėvas

mama
motina

bábo
kūdikis

dcéra
dukra

syn
sūnus

hosť
svečias

teta
teta

strýko
dėdė

brat
brolis

sestra
sesuo

telo

kūnas

čelo
kakta
oko
akis
plece
petys
prst
pirštas
tvár
veidas
brada
smakras
ruka
plaštaka
noha
koja
hruď
krūtinė
rameno
ranka

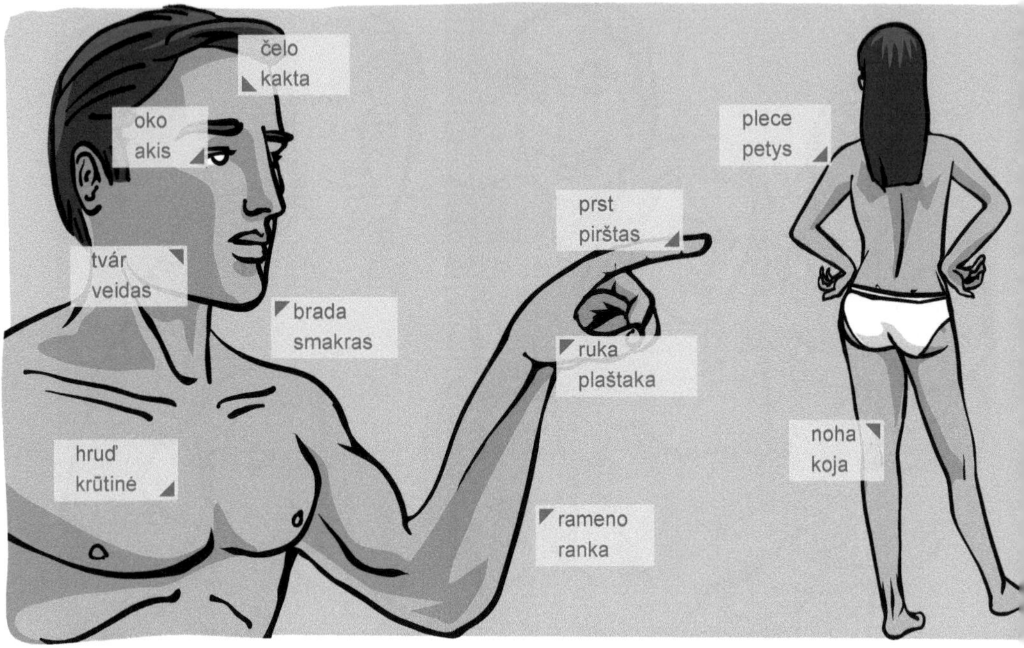

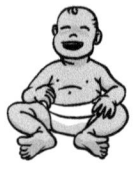

bábo
kūdikis

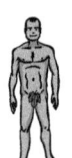

muž
vyras

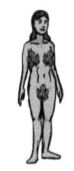

žena
moteris

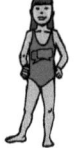

dievča
mergaitė

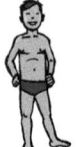

chlapec
berniukas

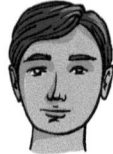

hlava
galva

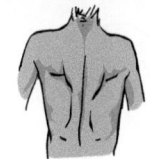

chrbát

nugara

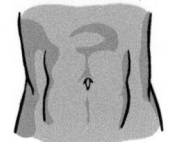

brucho

pilvas

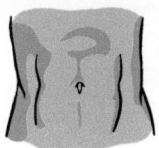

pupok

bamba

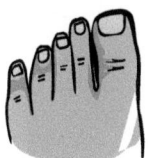

prst na nohe

kojos pirštas

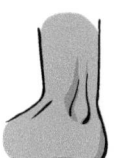

päta

kulnas

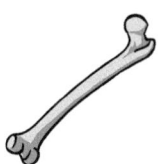

kosť

kaulas

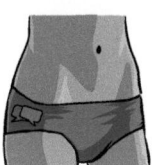

bok

klubas

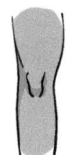

koleno

kelis

lakeť

alkūnė

nos

nosis

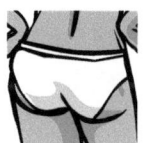

zadok

sédmenys

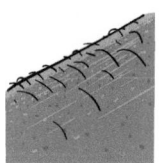

koža

oda

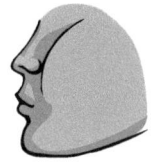

líce

skruostas

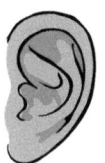

ucho

ausis

pery

lūpa

ústa

burna

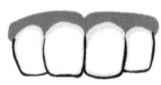

zub

dantis

jazyk

liežuvis

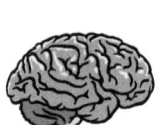

mozog

smegenys

srdce

širdis

svaly

raumuo

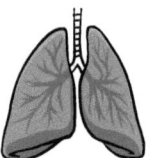

pľúca

plaučiai

pečeň

kepenys

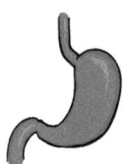

žalúdok

skrandis

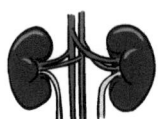

obličky

inkstai

pohlavný styk

seksas

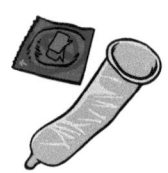

kondóm

prezervatyvas

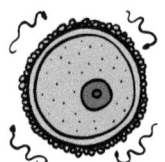

vaječná bunka

kiaušialąstė

semeno

sperma

tehotenstvo

nėštumas

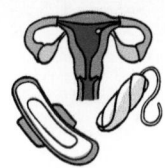

menštruácia

menstruacijos

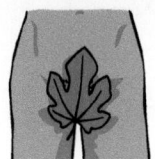

vagína

makštis

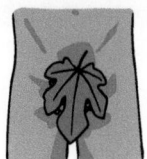

penis

varpa

obočie

antakis

vlasy

plaukai

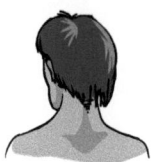

krk

kaklas

nemocnica
ligoninė

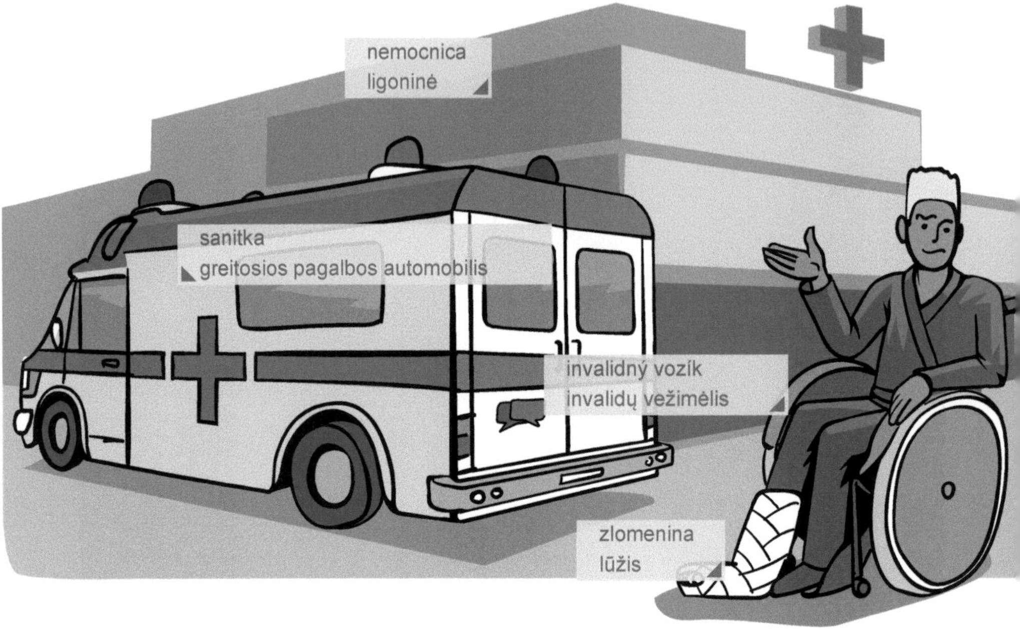

nemocnica
ligoninė
sanitka
greitosios pagalbos automobilis
invalidný vozík
invalidų vežimėlis
zlomenina
lūžis

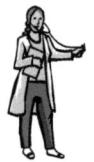

lekár

gydytojas

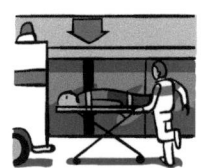

urgentný príjem

skubios pagalbos skyrius

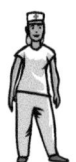

sestrička

slaugytoja

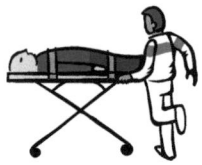

urgentný prípad

nelaimingas atsitikimas

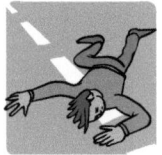

v bezvedomí

be sąmonės

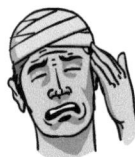

bolesť

skausmas

zranenie
sužalojimas

krvácanie
kraujavimas

srdcový infarkt
širdies smūgis

mozgová porážka
insultas

alergia
alergija

kašeľ
kosulys

teplota
karščiavimas

chrípka
gripas

hnačka
viduriavimas

bolesť hlavy
galvos skausmas

rakovina
vėžys

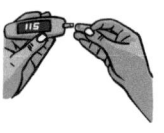

cukrovka
diabetas

chirurg
chirurgas

skalpel
skalpelis

operácia
operacija

CT
....
KT

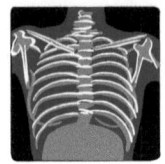

RTG
....
rentgenas

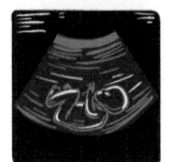

ultrazvuk
....
ultragarsas

maska
....
veido kaukė

choroba
....
liga

čakáreň
....
laukiamasis

barla
....
ramentas

náplasť
....
gipsas

obväz
....
tvarstis

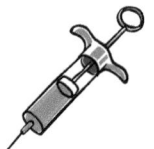

injekcia
....
injekcija

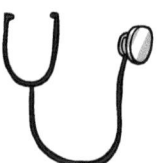

fonendoskop
....
stetoskopas

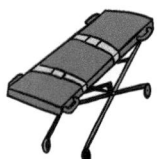

nosidlá
....
neštuvai

teplomer
....
termometras

pôrod
....
gimimas

nadváha
....
antsvoris

audiofón
klausos aparatas

dezinfekčný prostriedok
dezinfekavimo priemonė

infekcia
infekcija

vírus
virusas

HIV / AIDS
ŽIV / AIDS

medicína
vaistas

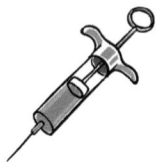

očkovanie
skiepijimas

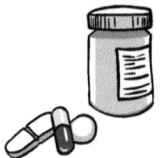

tabletky
tabletės

antikoncepčná pilulka
piliulė

tiesňové volanie
skubios pagalbos numeris

tlakomer
kraujospūdžio matuoklis

chorý / zdravý
ligotas / sveikas

Pomoc!

Padėkite!

alarm

pavojaus signalas

prepad

užpuolimas

útok

ataka

nebezpečenstvo

pavojus

núdzový východ

avarinis išėjimas

Horí!

Gaisras!

hasičský prístroj

gesintuvas

nehoda

nelaimingas atsitikimas

kufrík prvej pomoci

pirmosios pagalbos rinkinys

SOS

SOS

polícia

policija

Európa
....
Europa

Severná Amerika
....
Šiaurės Amerika

Južná Amerika
....
Pietų Amerika

Afrika
....
Afrika

Ázia
....
Azija

Austrália
....
Australija

Atlantický oceán
....
Atlanto vandenynas

Tichý oceán
....
Ramusis vandenynas

Indický oceán
....
Indijos vandenynas

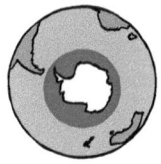

Južný oceán
....
Pietų vandenynas

Severný ľadový oceán
....
Arkties vandenynas

Severný pól
....
Šiaurės ašigalis

Južný pól
....
Pietų ašigalis

Antarktída
....
Antarktida

Zem
....
Žemė

krajina
....
sausuma

more
....
jūra

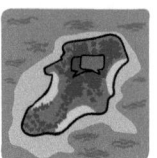

ostrov
....
sala

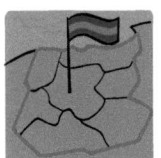

národ
....
tauta

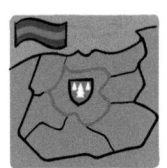

štát
....
valstybė

ciferník

ciferblatas

hodinová ručička

valandinė rodyklė

minútová ručička

minutinė rodyklė

sekundová ručička

sekundinė rodyklė

Koľko je hodín?

Kiek valandų?

deň

diena

čas

laikas

teraz

dabar

digitálne hodiny

skaitmeninis laikrodis

minúta

minutė

hodina

valanda

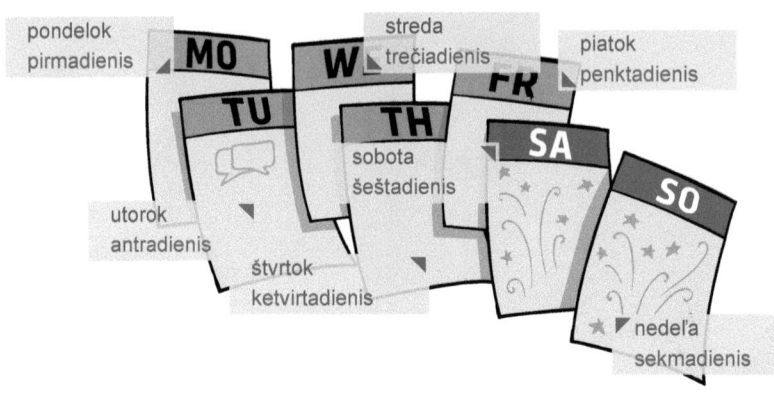

pondelok
pirmadienis

utorok
antradienis

streda
trečiadienis

štvrtok
ketvirtadienis

piatok
penktadienis

sobota
šeštadienis

nedeľa
sekmadienis

včera

vakar

dnes

šiandien

zajtra

rytoj

ráno

rytas

poludnie

vidurdienis

večer

vakaras

MO	TU	WE	TH	FR	SA	SU
1	2	3	4	5	6	7
8	9	10	11	12	13	14
15	16	17	18	19	20	21
22	23	24	25	26	27	28
29	30	31	1	2	3	4

pracovné dni

darbo dienos

MO	TU	WE	TH	FR	SA	SU
1	2	3	4	5	6	7
8	9	10	11	12	13	14
15	16	17	18	19	20	21
22	23	24	25	26	27	28
29	30	31	1	2	3	4

víkend

savaitgalis

rok
metai

dážď
lietus
dúha
vaivorykštė
vietor
vėjas
sneh
sniegas
jar
pavasaris
leto
vasara
jeseň
ruduo
zima
žiema

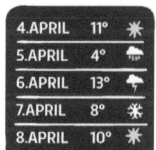

4.APRIL 11°
5.APRIL 4°
6.APRIL 13°
7.APRIL 8°
8.APRIL 10°

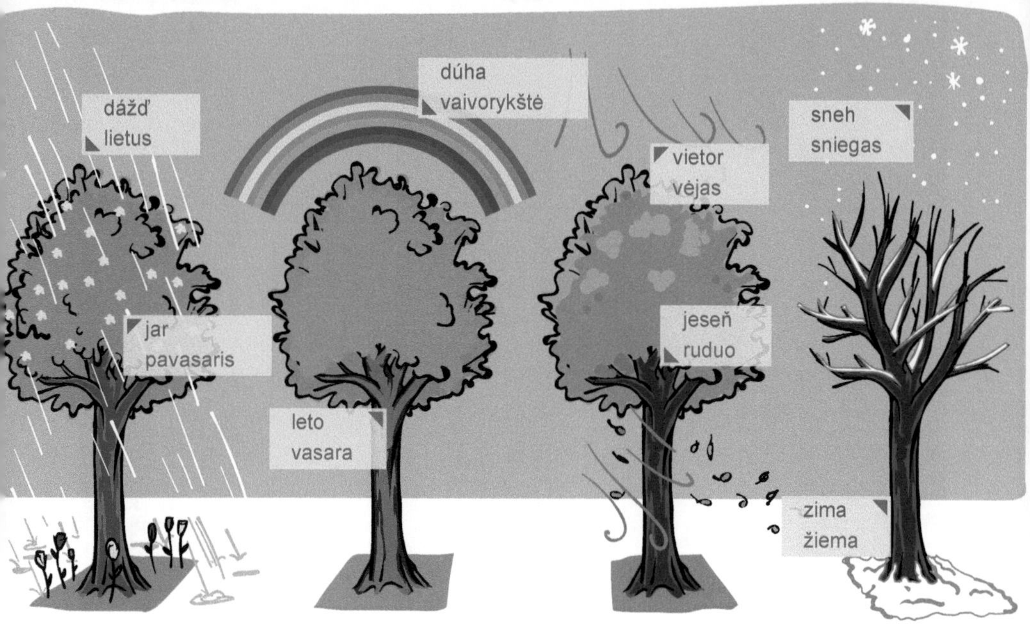

predpoveď počasia

orų prognozė

F C
120 40
90 30
60 20
30 10
0 0
-30 -10
-20

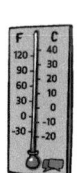

teplomer

lauko termometras

slnečný svit

saulės šviesa

oblak

debesis

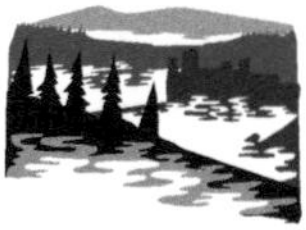

hmla

rūkas

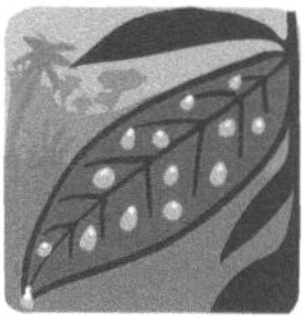

vlhkosť vzduchu

drėgmė

blesk
....
žaibas

hrom
....
griaustinis

búrka
....
audra

krúpy
....
kruša

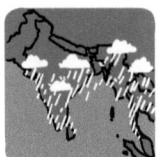

monzún
....
musonas

záplava
....
potvynis

ľad
....
ledas

január
....
sausis

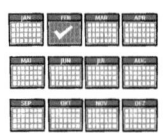

február
....
vasaris

marec
....
kovas

apríl
....
balandis

máj
....
gegužė

jún
....
birželis

júl
....
liepa

august
....
rugpjūtis

rok - metai

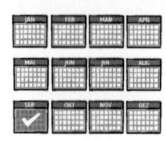

september
....
rugsėjis

október
....
spalis

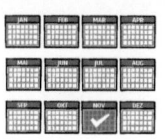

november
....
lapkritis

december
....
gruodis

tvary

formos

kruh
....
apskritimas

štvorec
....
kvadratas

obdĺžnik
....
stačiakampis

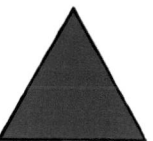

trojuholník
....
trikampis

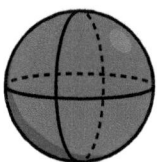

guľa
....
sfera

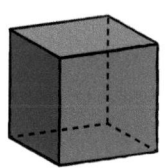

kocka
....
kubas

biela
....
balta

žltá
....
geltona

oranžová
....
oranžinė

ružová
....
rožinė

červená
....
raudona

fialová
....
violetinė

modrá
....
mėlyna

zelená
....
žalia

hnedá
....
ruda

šedá
....
pilka

čierna
....
juoda

veľa / málo

daug / mažai

zúrivý / pokojný

piktas / ramus

pekný / škaredý

gražus / bjaurus

začiatok / koniec

pradžia / pabaiga

veľký / malý

didelis / mažas

svetlý / tmavý

šviesus / tamsus

brat / sestra

brolis / sesuo

čistý / špinavý

švarus / purvinas

úplný / neúplný

užbaigtas / neužbaigtas

deň / noc

diena / naktis

mŕtvy / živý

miręs / gyvas

široký / úzky

platus / siauras

chutný / nechutný

valgomas / nevalgomas

zlostný / láskavý

piktas / malonus

vzrušený / unudený

linksmas / nuobodus

tlstý / chudý

storas / plonas

prvý / posledný

pirmiausia / paskiausia

priateľ / nepriateľ

draugas / priešas

plný / prázdny

pilnas / tuščias

tvrdý / mäkký

kietas / minkštas

ťažký / ľahký

sunkus / lengvas

hlad / smäd

alkis / troškulys

chorý / zdravý

ligotas / sveikas

nelegálny / legálny

nelegalus / legalus

inteligentný / hlúpy

protingas / kvailas

vľavo / vpravo

kairė / dešinė

blízko / ďaleko

arti / toli

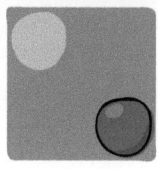

nový / použitý

nič / niečo

starý / mladý

naujas / naudotas

niekas / kažkas

senas / jaunas

zapnuté / vypnuté

otvorené / zatvorené

tichý / hlasný

jjungta / išjungta

atidaryta / uždaryta

tylus / garsus

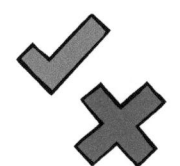

bohatý / chudobný

správne / nesprávne

drsný / hladký

turtingas / vargšas

teisus / neteisus

šiurkštus / švelnus

smutný / šťastný

krátky / dlhý

pomaly / rýchlo

liūdnas / laimingas

trumpas / ilgas

lėtas / greitas

mokrý / suchý

teplý / studený

vojna / mier

drėgnas / sausas

šiltas / šaltas

karas / taika

0

nula

nulis

1

jeden

vienas

2

dva

du

3

tri

trys

4

štyri

keturi

5

päť

penki

6

šesť

šeši

7

sedem

septyni

8

osem

aštuoni

9

deväť

devyni

10

desať

dešimt

11

jedenásť

vienuolika

12	**13**	**14**
dvanásť	trinásť	štrnásť
dvylika	trylika	keturiolika

15	**16**	**17**
pätnásť	šestnásť	sedemnásť
penkiolika	šešiolika	septyniolika

18	**19**	**20**
osemnásť	devätnásť	dvadsať
aštuoniolika	devyniolika	dvidešimt

100	**1.000**	**1.000.000**
sto	tisíc	milión
šimtas	tūkstantis	milijonas

angličtina

anglų

americká angličtina

amerikiečių anglų

mandarínska čínština

kinų (mandarinų)

hindčina

hindi

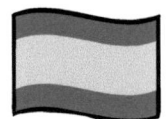

španielčina

ispanų

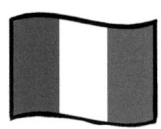

francúzština

prancūzų

arabčina

arabų

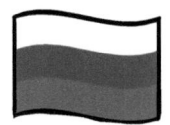

ruština

rusų

portugalčina

portugalų

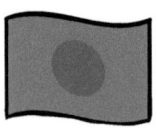

bengálčina

bengalų

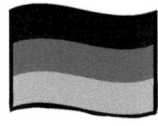

nemčina

vokiečių

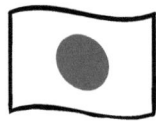

japončina

japonų

ja
aš

ty
tu

on/ona/ono
jis / ji

my
mes

vy
jūs

oni
jie

kto?
kas?

čo?
ką?

ako?
kaip?

kde?
kur?

kedy?
kada?

meno
vardas

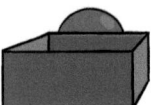

za
....
už

v
....
kur (vieta)

pred
....
priešais

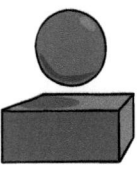

nad
....
virš

na
....
ant

pod
....
po

vedľa
....
prie

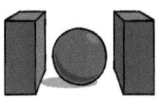

medzi
....
tarp

miesto
....
vieta